Mon journal d'évènements, de pensées, et de sentiments pendant que :

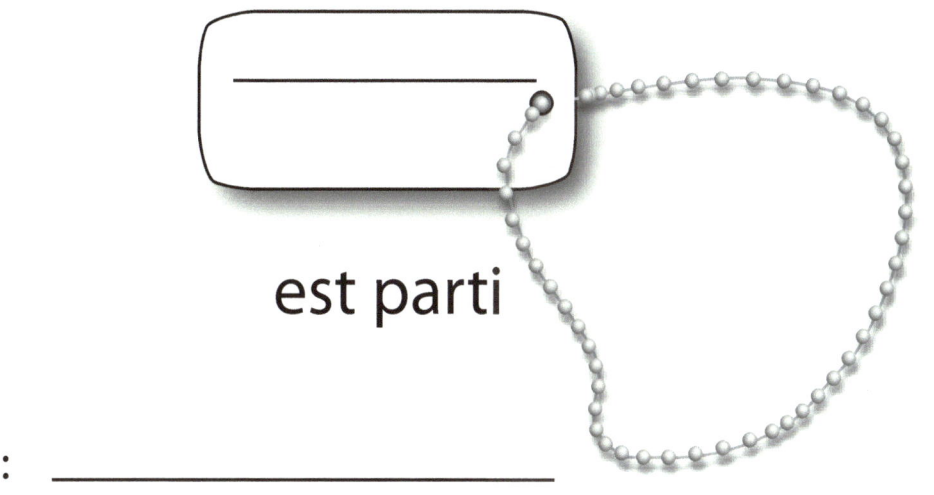

est parti

Écrit par : _____

Écrit à : _____ Date : _____

Tout à propos de moi

Mon âge...

J'adore...

Mes mets préférés sont...

J'habite au

Mon émission de télévision préférée...

Ma date de naissance est le...

Mon numéro préféré...

Tout à propos de moi

Je n'aime pas...

Les mets que je déteste sont...

Les choses qui m'enervent sont...

Mes meilleurs plats prêts à emporter sont...

Mon film préféré est...

Ma couleur préférée est...

AU SECOURS!

Son adresse pendant qu'il / elle est parti :
_____
_____
_____
_____
_____
_____

Je pourrai écrire à propos :
_____
_____
_____
_____
_____
_____
_____
_____
_____

Quand je dois parler je parlerai à :
_____
_____
_____

Courriel :

Numéros de téléphone :
Centre de ressources familiales : _____
Personne contacte de l'arrière-garde : _____
Ligne d'information sur les missions : _____

Ceux que j'appellerai en cas d'URGENCE :
_____
_____
_____
_____
_____

Autres informations :
_____
_____

Des questions à demander avant que tu partes

Où vas-tu?

Vas-tu être en danger?

Quand vais-je te voir de nouveau?

Pour combien de temps seras-tu parti?

Qui s'occupera de moi pendant ce le temps?

Quelles autres responsabilités aurai-je?

Que feras-tu là-bas?

Est-ce qu'il y aura de nouvelles règles de famille?

Quelle est ton adresse?

Quand pourrons-nous te parler et comment souvent?

Où vivras-tu?

Serai-je capable de faire toutes les choses que je fais maintenant?

M'enverras-tu des courriels?

Vas-tu me manquer?

Questions demandées et repondues!

Mes pensées

MES PHOTOS PENDANT QUE TU ÉTAIS PARTI/E

(PHOTO)

(PHOTO)

MES PHOTOS PENDANT QUE TU ÉTAIS PARTI/E

Le temps passe

Avant ton départ :

Pendant ton absence :

Maintenant que tu es de retour :

... maintenant qu'il est parti

Me manques-tu?
Qu'est-ce que tu manques le plus?
Comment vas-tu?
Comment longtemps ceci durera-t-il?
Que fais-tu?
Qu'allons-nous faire lors de ton congé?
Que manques-tu le moins?
Quelle est la chose la plus difficile depuis que tu n'es plus ici?
Es-tu en sécurité?
Vas-tu m'écrire ou m'envoyer des courriels?
Que puis-je faire pour rendre la situation plus facile?
Comment se débrouille le reste de la famille?
Pendant combien de temps puis-je te parler?
Qu'est-ce que je fais?

Questions demandées et répondues!

Mes pensées

Je suis tellement Frustré/e...

Écris une liste de toutes les bonnes et mauvaises choses qui sont ressorties en ayant quelqu'un dans ta vie qui est partie.

Les Pour

Les bonnes choses

_____
_____
_____
_____
_____
_____
_____
_____
_____
_____
_____
_____
_____
_____
_____
_____
_____
_____
_____
_____
_____

Les Contres

Les choses difficiles

_____
_____
_____
_____
_____
_____
_____
_____
_____
_____
_____
_____
_____
_____
_____
_____
_____
_____
_____
_____
_____

MES PHOTOS PENDANT QUE TU ÉTAIS PARTI/E

(PHOTO)

_____
_____
_____

MES PHOTOS PENDANT QUE TU ÉTAIS PARTI/E

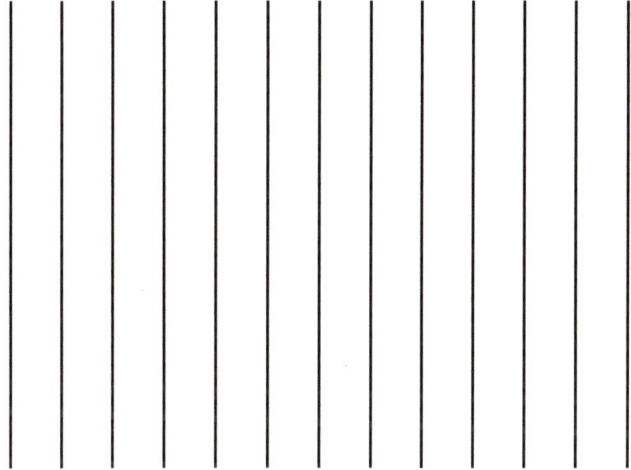

(PHOTO)

Cette semaine semble tellement longue!

Lorsque tu me manques...

Mes rêves, mes buts, et mes ambitions les plus récentes sont...

Questions à demander aux autres ou à soi-même.

Anticipes-tu revenir à la maison?
Quel jour précis arrivez-vous?
Qu'allons-nous faire à ton retour?
Qu'anticipes-tu le moins?
Est-ce que je vais être le premier/la première à te voir?
Comment as-tu changé?
Que va être la meilleure partie de ton retour?
Comment ta famille a-t-elle changé?
Les responsabilités que j'ai hâte à te redonner sont…
Vont-ils remarquer les changements?
Quelle était la chose la plus irritante quand tu étais parti/e?
Que veux-tu qu'elle sache?
Que ferons-nous avec le surplus d'argent?
Est-ce que tu nous aimes encore?

Questions demandées et répondues!

Mes pensées

Megan Egerton est enseignante spécialisée en éducation spéciale et en orientation. Elle a travaillé dans des écoles de bases militaires canadiennes pendant plusieurs années. Elle a animé plusieurs formations concernant le déploiement et a rédigé des programmes maintenant utilisés dans les écoles canadiennes. Elle habite à Ottawa avec ses deux enfants...et son mari.

John Willman est photographe indépendant depuis plus de 20 ans. Il est présentement professeur au Collège Algonquin à Ottawa, dans le programme de *"Media Design"*.

Ce livre est dédié à Maya et Ethan qui ont déjà "survécu" deux déploiements.

Pour plus d'informations, contactez :

www.whileyouwereaway.org

© Megan Egerton et John Willman 2009

Tous les droits sont réservés. La reproduction du contenu est interdite sans l'autorisation écrite des auteurs.

Pour plus d'informations, contactez :

www.whileyouwereaway.org

www.ingramcontent.com/pod-product-compliance
Lightning Source LLC
Chambersburg PA
CBHW061049090426
42740CB00002B/88